LE MARIAGE
tel qu'il fut et tel qu'il est !

Publications mensuelles de l'*Idée Libre*. Brochure n° 76.

Elie RECLUS

LE MARIAGE

TEL QU'IL FUT
ET TEL QU'IL EST

75 Centimes

Editions de l'*Idée Libre*
CONFLANS-HONORINE (Seine-et-Oise)

1924

Le Mariage tel qu'il fut et tel qu'il est ![1]

Puisque l'institution même du mariage civil est en cause, nous en exposerons le développement historique. Les points en litige seront mis à leur valeur relative ; par le seul fait que la situation générale sera bien établie, plusieurs difficultés d'ordre secondaire se dissiperont sans qu'on y touche, et la grande question de droit s'élucidera en quelque sorte d'elle-même.

I

« L'homme est la mesure de toutes choses », disait un sage de l'antiquité, formulant une vérité dont les générations qui se succèdent n'épuiseront pas la profondeur.

« Donc, je mesure tout à mon aune », — concluent certains auxquels il ne vient pas à l'idée que la longueur physique de leur individu, déjà bien petit en comparaison de la Terre, est insuffisante pour métrer le système solaire, insuffisante pour les espaces célestes. Le plus intelligent n'a qu'une valeur mesquine, s'il compare son bagage intellectuel à celui des millions qui peuplent le monde, des milliards qui l'ont peuplé. En comparaison avec les périodes cosmiques, éphémères sont nos vies, éphémères nos ans composés de treize lunaisons. Ce qui n'empêche qu'avec une candeur parfaite, avec une innocence naïve, le commun des mortels se figure comprendre l'univers parce qu'il l'a réduit à sa propre taille, déclare

(1) C'est à la bonne obligeance des petits-enfants de notre grand disparu Elisée Reclus que je suis redevable de publier ici l'intéressante étude d'Elie Reclus. Cette étude, tirée en 1907 à un petit nombre d'exemplaires, est restée peu connue et est devenue introuvable actuellement. Tous mes remerciements à nos bons camarades pour leur amabilité.   A. LORULOT.

immobile ce qu'il n'a jamais vu changer, immuable ce qu'il n'a pas
senti bouger ; car il n'a jamais mis en question la prétendue évidence des sens. C'est ainsi qu'on disait la Terre centre éternel des
cieux, la Terre, qui, depuis des cycles incomptés, se précipite à
travers les constellations avec une vélocité prodigieuse. Comme il
branlerait la tête, le paysan né dans son village, si tout abruptement on lui déclarait qu'il laboure un fond de mer ; que, de cette
colline à l'horizon, il n'est un centimètre cube qui n'ait grouillé
dans la vase, nagé dans les flots ; que la roche au milieu des luzernes est arrivée de deux cent cinquante lieues, voiturée sur un glaçon ; que les montagnes bleues à l'horizon, que ces montagnes sont
en marche vers la mer, et qu'elles roulent, emportées par les torrents et les rivières ! Il hochera la tête, votre bonhomme, si vous
avancez qu'on n'a pas toujours été marié par le ministère du prêtre
et de l'officier municipal. — Rien n'est plus vrai, cependant ;
— mais comment admettre ce qu'on ne peut comprendre ?

Il faut, en effet, une réflexion déjà aiguisée par les modernes
découvertes scientifiques pour accepter pleinement le fait que l'Univers est engagé dans une série de transformations incessantes, que
nos institutions sociales, à l'instar des grands phénomènes cosmiques,
se modifient par leur action réciproque dans le cours des longs
âges : que l'histoire et la géologie se ressemblent, que la Nature et
l'humanité se développent parallèlement et suivant les mêmes lois.

Rapt, meurtre, esclavage, promiscuité brutale, tels furent les
débuts de l'institution matrimoniale, débuts peu glorieux, mais
dont nous n'avons aucune honte : plus bas nous avons commencé,
plus haut nous espérons monter. Par ce qui se pratique parmi les
populations contemporaines les plus arriérées, nous jugeons des
mœurs de notre propre race, aux temps reculés dans lesquels elle
n'avait pas d'histoire. Que nous apprennent cent et une relations
de voyageurs ?

Des guerriers, — aux cours d'assises on les qualifierait d'assassins, — une bande de guerriers surprennent un village. La nuit
est profonde ; jusqu'aux huttes de roseaux, jusqu'aux gourbis
tressés de ramée, les envahisseurs se sont glissés à pas de loup,
sans faire crier une feuille sèche. Soudain, ils poussent des cris
féroces, des rugissements terribles, secouent des torches, brandissent des tisons. En un clin d'œil s'embrasent les torches de
pin, les toits de feuilles flambent et pétillent. Les familles qui
sommeillaient, les individus accroupis, empaquetés, pressés les uns

contre les autres, les voilà saisis par le désastre ; ahuris, affolés, ils brûlent déjà, et sont encore endormis. On se précipite à l'ouverture qu'on avait faite étroite et basse pour la pouvoir mieux défendre, on s'y heurte, on se pousse et s'embarrasse, rôti par la flamme, ébloui par les gerbes incandescentes, suffoqué par la fumée. Les premiers franchissent la porte en rampant, et comme ils glissent encore sur le sol, ils ont les membres transpercés, la tête fracassée. Aux vieillards moins agiles, aux enfants sans vigueur, aux malheureux incapables de se défendre, on ne fait pas même l'aumône d'un coup de massue, ou les rejette dans le brasier flambant. Tout est tué, tout est massacré, sauf quelques grandes filles échappées à l'incendie, épargnées par le casse-tête. Les vainqueurs, — on appelle cela des vainqueurs, — se précipitent dans l'enceinte des troupeaux qu'ils poussent devant eux pêle-mêle, avec les malheureuses qui ont les mains attachées derrière le dos. Heureux et fiers, les pillards s'annoncent de loin par des grognements de triomphe ; ils gravissent les collines, dévalent les plaines. Les captives qui trop souvent trébuchent et tombent, celles qui ont trop de peine à se relever sont dépêchées d'un dernier coup, ou laissées à expirer dans quelque marais, à pourrir dans une fondrière. Pour activer la marche, pour ranimer les efforts défaillants, ils piquent dans les épaules, dans la nuque : « Avance ou crève ! » Aux temps héroïques, les braves, les vaillants et les admirés se pourvoyaient ainsi d'épouses et de fiancées.

Fête de la victoire. Magnifique boucherie des bêtes razziées. Tapage, vacarme et vociférations, danses frénétiques, énorme bombance, glorieuse ivresse, orgie digne des Immortels. Encore fourbues de fatigue, leurs blessures fermant à peine, les filles, les femmes butinées attendent, jetées dans les coins, le dernier acte de la ripaille : tous les mâles de la horde leur passeront sur le corps. — Au préalable, le sorcier, bizarrement accoutré, l'homme aux incantations, les lavera, les fumiguera, les désenguignonnera, exorcisera les démons de la tribu native, inoculera les divinités du foyer nouveau ; il leur mettra au cou un collier de graines bénites, à la narine un bouton porte-bonheur. Le saint homme, ses acolytes l'assistant, et toute la jeune école des prophètes, de ces malheureuses filles feront des femmes, prenant tous les risques de l'opération — car ils enseignent que la femme est de nature impure et venimeuse — ils prononceront des formules sacrées, afin de garantir contre le mauvais sort les futurs époux qui attendent pour faire prouesse à leur tour.

Sur ce premier patron, les populations les plus diverses ont taillé l'innombrable variété de leurs rites nuptiaux, qu'elles se sont transmis, plus ou moins modifiés, jusqu'à nos jours.

*
* *

Le mariage, que nous sommes accoutumés à considérer comme d'ordre individuel, absolument privé, fut communautaire à l'origine, et d'ordre collectif ; les femmes appartenaient à la bande par indivis ; tous avaient mêmes droits sur toutes, nul guerrier qui n'eut sa part du butin. La captive appartenait à ceux qui avaient brûlé son village, étouffé ses oncles, flambé ses frères, éventré sa mère. Encore si ses ravisseurs n'eussent été que ses maîtres ! encore si elle n'eut été payée qu'en coups et sévices ! Mais non ! leur fureur de meurtre tournait en rage amoureuse, leur ivresse en lascivetés plus brutales et effrayantes que leur rage dans les combats. A pareils seigneurs pouvait-on répondre autrement que par la ruse et la perfidie, que par des tentatives de meurtre ou d'empoisonnement ? — Eh bien non ! L'on aima ces brigands, on en vint à chérir ces assassins, à se dévouer pour ces cannibales... — Par la bénigne influence de l'oubli ? Par l'effet de l'accoutumance qui stupéfie même les atroces douleurs, étouffe les vives sensibilités ? — Cela n'eût pas suffi.

Mais elle vint, guérissant les blessures, calmant les irritations, endormant les rancœurs, elle vint, la maternité, opératrice des merveilles, elle vint, tenant dans ses bras l'Enfant, le doux et prodigieux miracle de la Nature. A peine est-il né, l'Enfant, que toutes choses sont faites nouvelles, que toutes vieilleries sont oubliées. Que parlez-vous de remords, de crime et d'ignominie, quand il est là, innocent et suave ! Que vous souvenez-vous de ces histoires de violences et de cruautés, quand il égare dans vos cheveux sa main caressante ? Que vous chaut les malheurs passés quand il vous regarde de ses yeux doux et purs ? Le sourire de l'Enfant illumine le monde ; il n'est âme assombrie dans laquelle il ne déverse à flots la lumière, n'épanche les tranquilles profondeurs des cieux azurés. Il paraît, et le Passé, avec sa longue séquelle de regrets et de repentirs, de dépits et d'amertumes, le Passé s'évanouit, s'oublie, et l'Avenir, frais et souriant, fait son entrée avec le radieux cortège d'espérances. Et ces prodiges, comment l'Enfant les accomplit-il ? Quel est le mystère de son pouvoir ? C'est que faible, désarmé, incapable de se défendre, impuissant à se suffire, le petit être ne vit que par votre bonté, ne subsiste que par votre faveur.

Le seul fait de son existence prouve que ce n'est point le Droit
du plus fort, comme ont dit les philosophes de faible envergure, mais
le Droit du plus faible, qui l'emporte dans l'humanité comme dans
les espèces animales. L'Enfant moralise la mère, moralise le père,
moralise les alentours ; autour du berceau nichent d'aimables gé-
nies qui se posent sur les têtes, vont et viennent en blanches volées;
aux battements de leurs ailes éclosent pensers de paix, bons vou-
loirs, paroles de concorde. Interprète de la naïve science populaire,
tout autrement profonde que celle des moralistes de profession, le
peintre Raphaël, voulant montrer à l'humanité son vrai Rédemp-
teur, modela de son trait le plus caressant, de sa couleur la plus
lumineuse, le « Bambino », un enfant, un tout petit enfant, souriant
dans les bras de sa mère, rayonnante de bonheur.

L'Enfant a été la cause première et directe de nos progrès
sociaux. En vue de l'Enfant, s'établirent les institutions matriarcales, qui, politiques et religieuses, sociales et civiles, avaient l'enfant pour objet déclaré ou sous-entendu. Il n'y avait alors de
filiation que la filiation maternelle. Cela s'explique. La paternité
est un acte mystérieux, un fait incertain ; mais quoi de plus saisis-
sant que le drame de la parturition, avec les douleurs et les cris
de la femme angoissée, avec l'explosion de joie qui salue le nouveau concitoyen ! Tout enfant se connaissait une mère, mais de
père, point ; la paternité collective des hommes de la tribu suffisait ; peu importait l'un plutôt que l'autre. Longtemps, il n'y eut
de fils que de sa mère, il n'y eut de clans, il n'y eut de « gentes »
que les métronymiques ; on eut la « matrie » avant la patrie. Chose
singulière ! Durant cette phase historique, les notions de stabilité,
de durée, de perpétuité se groupaient autour de la Maternité et du
principe féminin. Le masculin ne représentait alors que fragilité
et inconstance ; mais la justice et l'équité, le besoin d'ordre dans
le progrès et de progrès dans l'ordre, les idées de paix, de con-
ciliation et d'arbitrage, se rattachaient à la mère, de laquelle, comme d'un centre, rayonnaient les principales manifestations de la
vie morale. Autre que l'actuelle était alors la conception maîtresse,
autre l'explication générale des choses ; le monde intellectuel, diffé-
remment équilibré, ne gravitait point suivant la même orbite. Car
les idées, car les sentiments sont loin d'avoir la fixité qu'on leur
attribue, et les lois mêmes de l'évidence ont une histoire. L'an-

tique dicton : **mobile comme l'onde**, eût jadis semblé dépourvu de saveur et privé de sens, si on l'eût appliqué à d'autres qu'au sexe fort.

∗
∗ ∗

Peu à peu le rapt s'était consolidé en mariage. De même, la rapine, prenant assiette et consistance, était devenue propriété par sa transmission à l'enfant, et cette transmission dans la même lignée, de mère en fille, ou d'oncle à neveu, constitua le groupe familial. Longtemps la famille se ressentit des actes de violence qui l'avaient inaugurée ; son chef, investi du droit de vie et de mort, l'exerçait à sa fantaisie ; la « famille » signifiait alors chiourme domestique, popote d'esclaves. La liberté relative dont elle jouit présentement ne fut conquise que par de persévérants efforts ; de longtemps ce mot de liberté n'eût pas ce caractère moral que nous lui avons attribué, et quand nous l'appliquons aux périodes primitives, ce devrait être à bon escient. Maintes fois, la mère des héritiers ou des héritières resta dans la condition servile, et les maisons princières de l'Orient contemporain nous en montrent de fréquents exemples. Toutefois, les institutions matriarcales relevèrent sensiblement la situation sociale faite à la mère et la situation civile faite à la femme.

Le rapt était si bien entré dans les mœurs, paraissait chose si décente et convenable, que lorsque les filles ne furent plus enlevées de force, les mariages étaient précédés par un simulacre d'enlèvement, comédie qu'on se donne toujours en plusieurs de nos cantons. Quand les femmes ne furent plus « gagnées à la pointe de la lance », le père les livrait au futur gendre contre des bêtes à cornes, contre des cuirs ou des fourrures. Les bonnes maisons ne se défaisaient qu'à bon prix de leurs demoiselles, qui elles-mêmes mettaient vanité à se faire payer cher. Pour ne pas déprécier la marchandise, les parents veillaient à ne pas encombrer le marché, et les mères — les mères, disons-nous — calculaient qu'il valait mieux étouffer leurs fillettes en bas âge que, plus tard, les vendre au rabais.

Les plus entichées de noblesse supprimaient d'emblée toutes celles qui leur naissaient, assurées d'avance qu'aucun acquéreur ne pourrait solder ce riche morceau. Si les garçons eussent été en nombre, ils auraient poussé aux enchères, mais on avait pris la précaution d'éclaircir les rangs ; on les avait fait s'entr'assommer gaillardement en maintes rencontres et escarmouches. Ces époques reculées avaient aussi leur question sociale, qu'elles non plus ne savaient résoudre qu'en taillant et rognant dans les vies humaines, et surtout parmi les procréatrices de l'espèce.

Le meurtre des filles eut pour conséquence la polyandrie ou l'adjonction de plusieurs époux à une seule épouse, et la polyandrie à son tour appela l'infanticide, précédant nos économistes, nos libéraux et philanthropes, dans l'invention des procédés malthusiens pour équilibrer les populations et les subsistances.

Concurremment aux mariages exogamiques par rapt et par achat, se faisaient aussi des mariages on ne peut plus simplistes entre frères et sœurs — notons qu'en plusieurs contrées l'adelphogamie est toujours en honneur comme prérogative des hautes familles et maisons royales. Plus tard, on se plut à marier un lot de frères avec un lot de sœurs ; aucune distinction n'étant faite entre les enfants, tous cohéritiers d'un domaine qui restait la possession inaliénable d'une seule famille. Du système polyandrique est issu le lévirat, coutume que nous connaissons par l'histoire de Booz et de Ruth, et le sigisbéisme, dont l'existence légale — pas plus loin qu'en Italie — passait pour un paradoxe, parce qu'on en ignorait l'explication.

Ménagère de plusieurs maris, condamnée aux grossesses sans trêve, à la gestation perpétuelle, à peine interrompue par de fréquents infanticides, la femme aspirait à fuir son bagne conjugal, à esquiver les travaux forcés de la polyandrie. Sa force et sa puissance étant dans l'amour, c'est à l'amour qu'elle demanda son affranchissement. Au préféré parmi les maris, au plus jeune des frères, lui-même souvent rudoyé par les aînés, un jour elle confia le doux secret : « Cet enfant est à nous deux ! à moi, à toi, à nul autre ».

A partir de ce moment, l'institution matriarcale fut compromise et entra dans une décadence qui, de jour en jour, s'accéléra jusqu'à complète et entière abolition. Se jetant d'un extrême à l'autre, l'Humanité semble incapable de comprendre les faits les plus simples avant de les avoir niés avec fureur, puis de les avoir faussés en les exagérant à outrance. On dirait que nous devons épuiser la série des paradoxes avant de nous accommoder aux solutions que dictent l'évidence et le bon sens. Du moment qu'on eut découvert que l'enfant est fils de son père, on ne voulut plus qu'il fut aussi fils de sa mère. On décréta que désormais le père compterait pour tout, la mère pour rien. Mais pour faire adopter la doctrine nouvelle, il fallut bouleverser l'âme jusque dans ses profondeurs ; et si jamais révolution troubla les esprits, ce fut assurément celle qui substitua le patriarcat aux institutions matriarcales.

Cérès, au dire des poètes et des historiens, fut la législatrice des peuples. Les tribus de pêcheurs, chasseurs et pasteurs s'oubliaient dans la vieille sauvagerie dont émergèrent les colonies d'agriculteurs, orgueilleux de leur charrue autant que de leur lance et de leur épée. Notre civilisation émane de l'homme des champs, qui initia le monde à des institutions juridiques déjà compliquées, à tout un système de sciences rudimentaires, qui formula un ensemble de lois politiques, civiles et religieuses, instaura un code resté en vigueur dans nos campagnes, un droit coutumier qu'observent nos paysans.

L'agriculteur antique se considérait comme l'époux de la terre, qu'il croyait, presque sans métaphore, féconder de ses sueurs. Le mariage, tel qu'il l'établit, ne s'explique clairement que comme institution agricole. Autant le cultivateur se sentait supérieur à la glèbe, autant il croyait l'emporter sur son épouse, dont le sein, prétendait-il, n'est que le champ dans lequel le semeur dépose la semence. Quelles qu'elles soient, orge ou blé, épautre ou millet, la terre les accepte indifféremment, leur transmet ses sucs ou son humidité : mais elle ne produit elle-même, disait-il, qu'une végétation folle et désordonnée, qu'une animalité sauvage et féroce. Des mottes prennent forme organique ; la boue tiédit, la poussière s'anime : serpents, crapauds, grenouilles, rats et fourmis de surgir, insectes de pulluler, vermine de grouiller ; baies âpres, fruits âcres de se nouer aux buissons et sauvageons ; alors d'apparaître orties méchantes, houx et charbons piquants, rue infecte, chiendent envahisseur, ciguë vireuse, belladone empoisonnée. Symboles du prolétariat, images du commun peuple, les joncs des vasières, les prêles et les roseaux foisonnant dans les marais, toute une démocratie végétale. Par ses goûts, ses passions et ses instincts, la foule est toujours femme, la femme est elle-même fille de la Terre et son incarnation directe. De progéniture spécialement féminine « sont les enfants naturels », les champis trouvés sous un buisson, les bâtards ramassés dans un carrefour, les adultérins nés dans la fange du ruisseau. De même procréation sort la multitude mal nourrie, l'engeance pauvre et misérable, que les riches et puissants, la voyant faible, traitent facilement de lâche. Deux races sont en présence, celle des Eupatrides, ou hidalgos de l'Antiquité, glorieux maintenant d'avoir un père, et cette prolification anonyme pondue par la mère Gigogne, tourbe de « gens qui ne sont pas nés », comme s'expriment agréablement ceux qui se sont donné la peine de naître. Les deux espèces, prétendait-on, reproduisent les qualités des sexes, dont elles sont issues ; ne différant pas moins par l'intelligence et la moralité que par l'organisme physique ; car autre est l'âme virile, autre l'âme féminine. L'homme est de principe actif, la femme de principe passif ; le premier est d'essence spirituelle, et par les éléments qui le constituent, allié au feu, à l'éther, aux substances lumineuses ; mais la seconde, foncièrement matérielle, est formée de molécules aqueuses et terreuses, imprégnée de choses obscures. Les mâles par excellence, guerriers et laboureurs, chefs de clans ou de tribus, possesseurs de champs et de troupeaux, fiers de leur famille héroïque, de leurs quartiers de noblesse ou de paysannerie, de leurs ancêtres et dieux lares, de leur autel domestique, rois en ce monde et se préparant à être dieux dans l'autre, se donnaient comme représentant la raison dominatrice de l'Instinct, comme personnifiant la civilisation qui asservit la Nature, comme domptant la tourbe humaine et animale.

Qui leur a valu ces grandioses prérogatives ? L'hérédité, la transmission des vertus divines, de père en fils. Sachez qu'ils sont, chacun de son côté, les rejetons des Immortels qui, à l'aurore du monde, se plurent à féconder les plus belles d'entre les filles de Demêter ; apprenez qu'ils sont de race solaire, enfants de l'Astre du jour, lequel renaît, chaque matin, du sein de la nuit, et chaque printemps du sommeil de l'hiver ; ils portent l'incorruptibilité en eux-mêmes, ils ont les promesses de la résurrection. Mais le peuple, lui, mais la femme, mais la Terre, ressortissent à la Lune, dont la lumière subtile et froide pleut la corruption dans notre atmosphère. En conséquence, les orthodoxes de la doctrine brûlaient les cadavres des hommes et des guerriers dont l'esprit était censé, sur les ailes de la flamme, ascendre les espaces célestes, pour s'y mélanger avec la lumière astrale. Quant à la dépouille mortelle des filles et des mères, ils l'enfouissaient, mêlant l'argile à l'argile et la poudre à la poudre. D'où les hésitations de l'Eglise chrétienne, qui eut peine à décider que la femme, aussi bien que l'homme, jouit d'une âme immortelle.

La femme ayant été décrétée d'infériorité, ne pouvait manquer d'être aussi chargée d'iniquité et de malice. Si elle est passive par essence, elle ne saurait franchir les étroites limites à elle assignées que pour tomber dans la perversité, que pour gâter et détériorer tout ce qu'elle touche. On lui prouve qu'étant matière, et rien que matière, elle ne peut que se mettre en hostilité avec l'esprit ; qu'elle est impudique avant même l'éveil des sens, que sa chair est pécheresse plus que toute autre chair. On enseigna que par elle la mort est entrée dans le monde, on démontra qu'elle propage et perpétue le péché originel, qu'elle est la fontaine même du mal.

D'où la supériorité du célibat sur le mariage, de la vie monastique sur la vie familiale : dogme professé par la plupart des religions, notamment par celle qui règne et gouverne dans nos parages. D'où la croyance en la sainteté du prêtre, parce qu'il crie à la femme : « Ne me touche point ! Noli me tangere ». D'où les commentaires sur la parole du Maître reprochant à la malheureuse qui avait frôlé le bord de la tunique sans conture : « Une vertu est sortie de moi ». D'où les louanges décernées par l'Eglise à des marmots singulièrement précoces, dont la sainteté monstrueuse s'offusquait à voir les seins de la nourrice et qui même refusaient de se laisser allaiter par leur mère.

Puisque la femme est, disait-on, un être inférieur, et même un être pervers, il eut été absurde de lui témoigner respect et estime, de lui reconnaître aucun droit, de la laisser maîtresse de ses actions, libre d'aller et de venir. Sauf l'antique Egypte, sur laquelle planait le doux génie d'Isis, déesse toujours compatissante, toujours aimante et généreuse ; sauf le Bouddhisme, qui eut des trésors de compassion pour toute la création, protégea la femme — non toutefois sans quelque défiance, montrant, en somme moins de pitié, moins de tendresse pour elle que pour les animaux ; — sauf encore quelques sectes, parmi lesquelles la Pythagoricienne, toutes les civilisations, toutes les religions à nous connues, qui envahirent la scène du monde pour s'entredéchirer, ne s'accordèrent que sur un point : la haine et le mépris de la femme. Brahmanes, Sémites, Hellènes, Romains, Chrétiens, Mahométans (1), jetèrent à la malheureuse chacun sa pierre ; tous se firent une page dans cette histoire de honte et de douleur, de souffrance et de tyrannie. Nous le disons très sérieusement, sur ce point, notre humanité, si vaine de sa culture, se ravala au-dessous de la plupart des espèces animales. Des Grecs, les plus policés de leur époque, édictèrent l'abominable for-

____

(1) Voir, à ce sujet, la brochure d'André Lorulot « *Notre Ennemie : La Femme* », 1.15 franco. (Note de l'Editeur).

mule : « Ménagère ou courtisane », que nous avons eu la mortification d'entendre répéter en plein XIX° siècle comme le dernier mot de la science sociale et même révolutionnaire.

Des poëtes, comme Euripide, reprochèrent aux Dieux qu'ils eussent fait dépendre de la femme la procréation et l'entretien de la famille. Le « divin Platon », qu'on dit le plus grand des philosophes et le premier des pères de l'Eglise, donna pour sacrées les amours contre nature ; on les préconisa comme antidote à l'attrait naturel d'un sexe vers l'autre. Ne pouvant supprimer la maternité, fait physique, on la nia, fait moral. Un terrible procès posa la question en des termes comme on n'en pouvait imaginer de plus crus ; l'antiquité discuta passionnément la légende d'Oreste : le fils d'Agamemnon avait assassiné sa mère pour venger le meurtre de son père ; Clytemnestre, de son côté, avait fait expier à son époux le meurtre de leur fille Iphigénie... Eh bien ! le matricide fut absous, Minerve elle-même descendit de l'Olympe pour plaider sa cause devant l'Aéropage. Il fut décidé que ce fils avait agi droitement et sainement, qu'il devait tout au père qui l'avait engendré, rien à la mère qui l'avait porté dans ses entrailles ; une fois pour toutes, il fut admis que le fils n'est pas même parent de sa mère et qu'il est de toute autre race. Contre cette arrêt des Dieux s'élevèrent des protestations qu'on étouffa comme impies : du reste, elles étaient impolitiques au premier chef, mal vues par l'opinion dominante. Enregistrons celle des tziganes, misérable tribu indoue, réputée vile parmi les viles : — « Vantez-vous d'être une race de héros, il nous suffit, ô fils de brigands, d'être chaudronniers et voleurs de chevaux ; vantez-vous d'être les fils du mâle, nous nous glorifions de rester fils de la mère; fils de la femme nous étions, fils de la femme nous resterons ! »

Aux premiers pères entichés de leur paternité, il ne suffisait point que des enfants fussent nés, pour qu'ils daignassent les reconnaître et les élever. Jusqu'à ce que le maître fît sien, en le ramassant, le paquet que la mère avait laissé tomber, le rejeton n'existait pas, légalement parlant. De là, les pratiques de la couvade, coutume extraordinaire, dont on ne peut trop admirer la haute absurdité. Pour bien montrer que le nouveau-né cesse d'appartenir à la mère, s'il lui a jamais appartenu, le père se met au lit, absorbe potions et tisanes, se gare des courants d'air, envoie la mère travailler aux champs, et majestueusement tend son petit doigt au nourrisson pour qu'il le suce.

La plus noble des institutions patriarcales, contre-partie de la polyandrie, est la polygamie, dans laquelle versa en Orient tout ce qu'il y avait de plus riche et de puissant. Ce fut un autre moyen d'émanciper le sexe fort de la tyrannie du sexe faible. On disait, avec une certaine raison, que trois femmes exercent moins d'empire sur un seul homme, qu'une seule femme sur trois maris. La primitive Église permit le mariage, mais comme exutoire de la luxure, déclarant hautement ses préférences pour la virginité, que de grands docteurs assurèrent efficacement en interdisant aux jeunes chrétiennes de se baigner jamais, et leur intimant de ne se laver que d'une main seulement. L'antique loi romaine, dure à l'encontre de la femme, dont elle faisait une éternelle mineure, toujours sous la tutelle du père, du mari, du fils ou des petits-fils, servit de type aux générations qui suivirent, et nous régit encore. Le Moyen-Age, que certains ne veulent voir que dans les Cours d'Amour et les joutes en l'honneur des dames, fut pour les femmes une époque malheureuse entre toutes. Rappelez-vous une légende bien connue, celle de Grisélidis. L'épouse du comte de Saluces accepta sans murmure toutes les rebuffades, toutes les injustices de son mari. Il la fit abreuver d'insultes par une rivale, Grisélidis ne se révolta point ; Grisélidis resta humble et soumise quand le barbare lui enleva ses enfants soi-disant pour les égorger... La patiente Grisélidis, comme on l'appelait, était l'idéal de l'épouse vertueuse aux temps où l'on bâtissait les cathédrales. Si telle était la poésie, qu'était donc la réalité ? Dirons-nous comment de jeunes barons, inopinément, expédiaient leur mère à tel ou tel, auxquels ils en faisaient cadeau pour épouse ? Dirons-nous les coups de pieds dont en plusieurs cantons on gratifiait officiellement la nouvelle épouse, les soufflets que lui administraient beau-père et belle-mère ? Quand le grand-duc de Moscovie mariait sa fille, il la remettait entre les mains du futur époux, auquel il passait certain knout à tresse de cuir : « Mon gendre à ton tour ! » Le knout, instrument grossier, fut, avec le progrès des belles manières, remplacé par un fouet à manche sculpté, avec cordes en soie rouges, que les gentilshommes déposaient délicatement dans la corbeille de leurs promises. Encore aujourd'hui, en telle tribu bengalaise, le galant rive lui-même au bras de sa fiancée un gros anneau, solidement forgé ; s'il vient à divorcer, il déboulonne la ferraille, l'assujettit à un autre poignet. Et sans aller jusqu'en Asie, n'avons-nous pas tous remarqué dans les cimetières ces mauvais petits tableaux : une main blanche émerge de la dentelle, encastrée dans un bracelet d'où pendent les maillons d'une chaîne brisée... ? Pas besoin d'appartenir à l'Académie des Inscriptions et Belles-Lettres pour expliquer le gracieux symbole.

Il ne s'agit pas ici d'un forçat vulgaire. La défunte était dans les liens du mariage, liens que la mort a rompus.

Exagérons-nous en disant que la femme est toujours une captive ? Qu'elle est toujours opprimée par la réaction du patriarcat contre les institutions matrimoniales ? Que le rapt et la violence ont laissé d'ineffaçables traces dans le mariage dont ils ont façonné les débuts ? Et que l'évolution dans laquelle l'humanité est engagée depuis une trentaine de siècles est toujours hostile à la femme ? Hostile, partant injuste. Mais le système s'affaisse déjà sur lui-même; nous sommes en réaction contre lui, et du moment qu'il est contesté, il ne fera plus longue vieillesse.

De par le Code civil, en quoi consiste le mariage, chez nous autres, Français ?

Devant le public assemblé et les représentants de la loi, par une déclaration solennelle, la fille met son corps, sa vie, sa fortune, et son honneur en la possession d'un homme, tenu désormais à donner sa protection — terme très vague — en retour de l'obéissance — terme très net — qui lui est acquise. Cette personne n'aura plus la libre disposition de soi-même. Si, à tort ou à raison, elle déserte le toit conjugal, le mari peut la faire ramener par les gendarmes. Le mari peut la débouter de l'éducation de ses enfants, peut même les lui enlever entièrement, s'il lui plaît ainsi, les expédier assez loin pour qu'on ne les revoie plus. Code en main, plus d'un misérable a menacé sa femme, qui résistait à ses caprices, d'accomplir cette basse vengeance. — Est-elle lésée dans ce qui lui est laissé de droits ? — Le Tribunal ne lui accordera réparation que si le mari y consent. — Et si le mari a perpétré l'offense ? Elle ne citera le coupable qu'avec l'assentiment du coupable. Toute créature humaine qu'elle soit, elle n'a droit à la justice que sous le bon vouloir du seigneur et maître. Aux yeux de tous, aux yeux de ses propres enfants, la femme est un être manifestement inférieur à son conjoint, cela en nos pays, plus heureux que les nombreuses contrées où elle est esclave, équivalent légal des pièces de bétail qu'on achète et qu'on vend.

Nous ne voulons rien exagérer, et, parce que nous critiquons le mariage légal, nous ne prétendons point qu'il ne produise que crime et malheur. Nous reconnaissons hautement que, dans les mariages contractés sous les auspices de l'autorité civile, il est des unions qui sont aussi heureuses que possible ; il en est plusieurs qui font notre admiration, plusieurs que nous nous proposons d'imiter. Les institutions sociales, choses d'une infinie complexité, produisent des résultats singulièrement dissemblables. La pratique vaudra toujours mieux que les systèmes erronés, toujours moins que les belles théories. Ce qui n'empêche que, dans l'ensemble des éléments qui concourent à un résultat, un bon principe conduit au bien, un mauvais au mal. Ainsi nous affirmons qu'il n'est amitié véritable, qu'il n'est grand amour qu'entre égaux et que, par elle-même, l'inégalité sociale engendre abus, injustices et iniquités. La contrainte aboutit à la révolte, et la subordination à l'insubordination. La tyrannie a pour contre-coup la haine et la rancune, procrée une engeance qui vaut ni plus ni moins qu'elle : vol, tromperie, perfidie. L'inégalité, et surtout celle qu'imposent les lois et les mœurs, l'inégalité factice et purement extérieure, aura toujours une influence funeste. Deviendra-t-elle inoffensive, et même productive de bien, parce qu'on l'aura introduite entre époux ? Les vices et les défauts qu'on a souvent, trop souvent, reprochés à la femme, nous ne les nions pas, mais nous sommes persuadés qu'ils résultent de la condition qu'on lui a faite ; nous affirmons qu'ils sont, non pas sa faute, mais son malheur, en tant que serve ou esclave. Qu'on ose donc supprimer la cause si on veut abolir les effets ! — Comment, on a exclu la femme de l'enseignement supérieur, on lui a fabriqué une histoire et une littérature spéciales, on lui sert la morale dite « à l'usage des demoiselles », et après on se scandalise que l'être ainsi façonné soit superficiel et frivole, qu'elle intrigue et baguenaude ? Vous lui interdisez la science, et il vous déplaît qu'elle s'adonne aux superstitions ?

Vous lui fermez l'accès aux sources de la haute moralité, et vous lui reprochez qu'elle soit affriandée d'adultère ?

Et ce n'est pas tout. Combien qui, viciées par un mariage vicieux, vicient leur mari, le poussent au jeu, l'incitent aux aventures de ruelles ? Le malheureux voudrait fuir un intérieur suintant l'ennui, échapper à un caquetage odieux, aux envies basses, à une vulgarité repoussante, à une moralité sordide. C'est ainsi que les mauvais mariages corrompent les familles et par les familles la communauté, c'est ainsi qu'un sang cancéreux charrie la pourriture dans les organes du corps social.

Les jeunes couples qui pensent ne pouvoir mieux faire que d'associer leur vie, afin que, appuyés l'un sur l'autre, ils travaillent plus courageusement et que plus douces soient leurs joies, moins amères leurs peines ;

Ceux-là se marient — mais non devant l'autorité civile, et s'abstiennent de tout contrat, serment ou instrument officiel.

Tout bien considéré, se disent-ils, nous ne débuterons pas dans la vie par un acte que notre conscience réprouve. Le mariage n'est-il vraiment qu'une coutume vieillie, mais pas encore démodée ? Certains l'assurent qui ont accepté le mariage officiel, sauf à hausser les épaules avant et après. — Eh bien ! nous nous dispenserons de cette inutile cérémonie. — Le mariage est-il, au contraire, comme nous le croyons, une réalité de premier ordre, qu'il serait insensé de traiter à la légère ? — Alors notre déclaration impliquerait que nous acceptons et le semblant de tyrannie et le semblant de servitude, deux semblants qui font une lâcheté. Car nous supposons comme démontrée l'entière et complète équivalence des deux facteurs de la famille. Il nous répugne et que la femme soit déclarée meuble conjugal, et que l'homme soit réputé le propriétaire d'un pareil objet.

— « C'est de l'idéologie ! », entendons-nous. Soit ! Mais il fait besoin que, de temps à autre, quelques-uns se renseignent au juste sur leurs droits et leurs devoirs ; qu'ils sortent de la fiction, et se cantonnent dans la réalité morale. Commençons par la vérité, puisque nous la désirons comme fin.

D'excellents amis, des parents aimés font valoir des raisons contraires, à peu près en ces termes :

— « L'intervention légale, passée dans l'habitude, détermine seule la légitimité et l'illégitimité des unions ; et qui s'en affranchit est réputé immoral. Cette intervention, il faut l'accepter, sauf à être confondus avec ceux qui tournent l'union sexuelle en incontinence. Ne courez donc pas en dératés sur la route du progrès ! Hier, on n'osait mourir sans se faire asperger d'eau sainte, on n'osait s'épouser sans la bénédiction du prêtre ; menons d'abord ces réformes-ci à bon point. Et bien que la législation actuelle laisse beaucoup à désirer, on ne peut nier qu'elle offre des garanties, des garanties nombreuses, dont voici les principales. Au mari, que l'épouse respectera la sainteté du foyer conjugal et tout au moins, n'affichera pas bruyamment son inconduite. A la femme, que l'époux n'introduira pas une concubine sous leur toit. Aux enfants, aux enfants surtout, qu'ils seront couverts par le nom du père, nom dont la privation peut être funeste. Misérable, en effet, est la condition faite à la progéniture extra-légale. La réprobation s'attache à la mère non mariée, et poursuit les enfants ; la loi persécute ces innocents, les traite en coupables, les dépouille par les moyens dont elle dispose : ce qu'elle montre fort bien au chapitre « Successions ». Finalement, ajoute-t-on, « si toutes les précautions sont inutiles, si le conjoint trahit la conjointe, ou la conjointe le conjoint; si les parents eux-mêmes fraudent leurs enfants, on peut, on doit invoquer la vindicte de la loi, qui punit la perversité qu'elle n'a pas su prévenir. »

— Oui, tout est possible ! répondons-nous. Mais la vindicte légale nous importe peu. Et nous demandons ce que garantissent tant de garanties ? On parle de séductions, d'abandons et de trahisons ; on montre des serments violés, d'ignobles parjures... — Allons au fond des choses. A tromper ou être trompé, il n'est point de remède. Que l'époux auquel on s'était fié démasque sa mauvaise foi, qu'il soit assez lâche pour maltraîter sa femme, et pour laisser souffrir des enfants auxquels il devrait donner le pain du travail... eh bien ! sa vilenie constatée, une femme qui se respecte le laissera partir sans regret, ne lui demandant qu'une chose : ne reparais plus en ma présence ! Car si elle lui permettait de renouer et de la fréquenter à nouveau, les honnêtes gens auraient droit de les dire complices. — Et si l'épouse qu'on croyait fidèle trahit promesses et devoirs, se montre menteuse et perfide, si elle disparaît avec un mauvais compagnon..., voudrait-on la réintégrer au foyer de la famille ? Tout de suite, ou après l'avoir logée entre les murs d'une prison, pour y être moralisée par les bons soins d'un aumônier et des porte-clefs ? — « Tu es partie, lui dirait-on, ne reviens plus. »

Que nous font les garanties, si déjà nous tenons en piètre estime l'union qu'il faudrait garantir ? L'amour méprise, il refuse tout autre répondant que lui-même. A l'amour, chose suave, à l'amour, chose délicate et fière, qu'importent précautions, autorisations et permissions ? Quoi qu'on veuille, quoi qu'on fasse, c'est utopie que de garantir le dévouement par l'intérêt personnel, absurdité d'asseoir l'affection sur l'égoïsme, de minuter la sincérité sur papier timbré, de plomber la tendresse avec les cachets de la douane.

Comme nous préférons dire : — « De ton amour, je ne veux autre preuve que ton charmant sourire, autres garants que ta main loyale, que cet œil au fond duquel j'ai vu mon image... S'il m'avait menti, ce regard débordant de douces promesses, que me feraient contrats notariés, diplômes contre-signés par l'autorité municipale ! Alors, je m'écrierais à mon tour : « Plus ne m'est rien ! rien ne m'est plus ! » — Mais on n'irait point au procureur pour qu'il fouille dans les billets intimes, pour qu'il promène son lorgnon sur des fleurs fanées, pauvres fleurs qu'imprègne encore un vague parfum. On ne requerrait pas séparation de corps et de biens, pour être vilipendés, ridiculisés, traînés dans la boue par des avocats facétieux... Car un procès, des procès, c'est encore la plus claire des garanties qu'offre la législation aux époux qui cessent de s'aimer et de s'estimer

On reprend : « La loi, défavorable aux mariages qu'elle ne sanctionne pas, la loi, plus dure encore que l'opinion publique, la loi se venge sur les enfants qu'elle qualifie de bâtards, et s'applique à écarter, à exclure des partages de famille. »

— Cela est incontestable. Mais puisque l'héritage est privilège, on n'a pas à le rechercher ni pour soi, ni pour les siens, encore moins à lui sacrifier une conviction. Et, pour ce qui est de l'état civil, quel mal à ce qu'on qualifie d'enfants naturels ceux qui ne sont autre chose ?

On nous arrête : — Vous prenez la chose bien légèrement.. L'appellation de bâtard, simple médisance dans les grands centres de population, est toujours fort redoutée dans les campagnes et les petites villes. A ceux auxquels elle s'appliquera, elle sera pénible en raison même de son injustice et de son absurdité.

« L'injure n'est que prétendue, mais elle est faite réelle par l'intention, et reste dans le droit strict. L'enfant qui n'en peut mais ne pourra s'en défendre, et n'aura qu'à courber la tête quand des sots et des méchants la lui jetteront au visage... » Et on nous adjure: « Parents en espérance, n'imprimez pas ce stigmate au front de ceux qui sont à naître, ne leur rendez pas plus difficile le combat pour l'existence ; ne les chargez pas d'un fardeau qu'il ne tiendrait qu'à vous de leur épargner ! »

Arrêtons-nous sur cette considération, la plus grave de toutes aux yeux de plusieurs amis.

S'il ne dépendait que de nous, chacun épargnerait à ceux qu'il aime, et surtout à ses enfants, toute peine et tout chagrin. Nous savons cependant que la vie est tissue d'ennuis ; qu'on n'est véritablement homme qu'à la condition d'avoir appris à souffrir ; qu'il faut être prêt à payer de sa personne pour la cause de la raison et de la justice. Ce serait donc rendre à la jeune génération un mauvais service que de la traiter, avant même qu'elle existe, comme devant être faible et incapable ; ce serait lui faire injustice que de commettre une lâcheté, dès qu'il faut agir en son nom. L'union libre étant illégitime — officiellement — il est certain qu'à un quiconque il sera loisible de donner à nos enfants les appellations de « bâtard » et « bâtarde » tant qu'il lui plaira. Le cas échéant, nous voudrions que notre fils, dominant l'injure, toujours bienveillant et tranquille, répondît avec un sourire doux et fier ; — « Libre à vous de prononcer « bâtard » le mot que mon père et ma mère prononcent : « enfant de l'amour ». N'importe ! Bâtard je suis, bâtard incontestable, puisque je ne le suis point par accident, mais parce qu'on l'a bien voulu, bâtard j'étais avant ma naissance. Des parents, les miens, ont compris que ce nom cesserait d'être un opprobre dès que d'honnêtes gens n'en auraient pas honte ; ils m'ont voulu bâtard pour en diminuer le nombre. Donc gratifiez-moi à votre aise du titre que j'ai encore l'honneur de porter, mais qui va s'éteignant. Je suis un des derniers représentants de la race, illustre, certes, autant que pas une. »

Nous sommes loin d'avoir voulu braver l'opinion publique, et ce n'est pas à la légère que nous renonçons à la considération que donne le mariage légal, et, s'il faut l'avouer, nous désapprouvons tout éclat inutile, nous redoutons la publicité malsaine. Mais hautement nous nous déclarons responsables de notre acte dans toute sa portée, et nous le défendrons volontiers auprès de qui voudra le discuter avec une sincérité égale à la nôtre. Maris, nous comptons qu'on n'aura jamais à nous confondre avec de vulgaires séducteurs, et si nous agissions comme eux, nous n'aurions pas même leurs mauvaises excuses à faire valoir. Femmes, nous espérons ne pas tromper la confiance qu'on a mise en nous. Et si nous venions à être trompées, on n'aurait pas à nous plaindre, car nous agissons de notre plein gré, en entière connaissance de cause ; nous déclarons faire résolument et de propos délibéré ce que tant de filles séduites, nos sœurs malheureuses, n'ont fait que par faiblesse, par légèreté ou par ignorance.

Dédaignant les fictions convenues, nous entrons dans la pleine et sincère réalité des choses. La réforme du mariage civil, nous la croyons appelée par le progrès des idées et des mœurs ; pour peu qu'elle se généralise, on ne manquera pas de dire qu'elle était si bien dans le mouvement qu'on ne pouvait l'éviter ; et l'on s'étonnera qu'elle n'ait pas été tentée bien plus tôt. Encore faut-il commencer, et que se présentent les volontaires de l'Idée.

ÉLIE RECLUS.